MÉLANGES RENIER

RECUEIL DE TRAVAUX

PUBLIÉS PAR L'ÉCOLE PRATIQUE DES HAUTES ÉTUDES

(Section des sciences historiques et philologiques)

EN MÉMOIRE DE SON PRÉSIDENT

LÉON RENIER

ABEL BERGAIGNE

LA SYNTAXE DES COMPARAISONS VÉDIQUES

PARIS

F. VIEWEG, LIBRAIRE-ÉDITEUR

67, RUE DE RICHELIEU, 67

1886

Tirage à part non mis dans le commerce.

EN VENTE A LA MÊME LIBRAIRIE

LA SYNTAXE

DES

COMPARAISONS VÉDIQUES

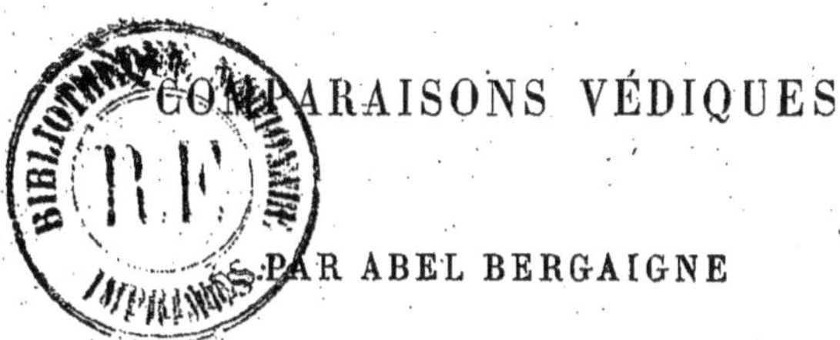

PAR ABEL BERGAIGNE

La syntaxe védique offre un certain nombre de particularités qui n'ont encore fait l'objet d'aucune étude spéciale, ou qui même semblent avoir passé à peu près inaperçues. Elles fourniraient pourtant la solution de bien des difficultés d'interprétation qu'on a trop vite tranchées, soit en proposant des corrections au texte, soit en supposant des formes inconnues, soit en imposant des sens nouveaux aux mots. Je ne signalerai aujourd'hui que deux ou trois de ces particularités, et je les étudierai seulement dans une catégorie de phrases où elles se rencontrent, non pas exclusivement, mais, à ce qu'il m'a semblé, plus fréquemment qu'ailleurs, à savoir les comparaisons. Les exemples seront empruntés aux Samhitās du Ṛig et de l'Atharva-Veda, mais principalement à la première, où les comparaisons sont plus nombreuses et plus intéressantes. C'est à celle-ci que devront être rapportées toutes les citations non accompagnées des lettres A. V. (Atharva-Veda).

Les comparaisons dont il s'agit ne sont pas celles qui

comprennent deux propositions[1] avec un « comme » et un « ainsi »[2], telles que la suivante :

IV, 12, 6 = X, 126, 8. yáthā *ha tyád vasavo gaur-yàṃ cit padi shitắm ámuñcatā yajatrāḥ* — evó *shv àsmán muñcatā vy áṃhaḥ.*

On pourrait bien y signaler plus d'une fois, comme dans cet exemple même, une absence de symétrie entre les deux membres (l'accusatif *gauryàm* et l'ablatif *as-mát*)[3]. Mais les faits de ce genre sont du ressort de la stylistique plutôt que de la syntaxe[4].

C'est dans les comparaisons formées d'une seule proposition, et embrassant dans une construction unique les termes de comparaison, les termes propres et les termes communs, que la syntaxe védique offre des tours d'une hardiesse, ou, si l'on veut, d'une maladresse singulière. Le fait s'explique d'ailleurs naturellement par la complication inhérente aux formules de ce genre.

Le principe, et le cas le plus ordinaire, est que les termes communs[5] constituent avec les termes propres une proposition complète à laquelle viennent s'ajouter, au moyen d'une des particules, *ná, iva, yáthā* ou *yathā*[6],

1. Celles-là sont relativement très peu nombreuses, et, sauf de rares exceptions, VIII, 4, 3 ; 47, 17 ; X, 60, 8 et 9 ; A. V. III, 6, 6 ; X, 1, 32, ne sont pas des comparaisons poétiques, mais des comparaisons *historiques*, II, 30, 4 ; III, 17, 2 ; 36, 3 ; VIII, 36, 7 ; 42, 5 et 6 ; IX, 82, 5 ; X, 7, 6 ; 149, 5 ; 151, 3 ; Vāl. 6, 2. — La comparaison poétique est quelquefois exprimée en deux propositions par un *ná* ou un *iva* « mitigeant », suivi d'une conjonction ou d'un pronom relatif, I, 38, 8 ; 68, 9 ; VI, 75, 1 ; X, 43, 5 ; 75, 3 et 4.

2. On sous-entend quelquefois « ainsi », VIII, 3, 12 ; 4, 3 ; X, 191, 2, ou même « comme », V, 2, 7.

3. Voir encore V, 78, 7 et 8 ; Vāl. 2, 9 ; A. V., V, 21, 4.

4. Il faut relever cependant comme particulièrement hardie la construction du vers VIII, 57, 10, *táṃ* tvā *yajñébhir* īmahe ... *índra* yáthā *cid* ā́vitha *vā́jeshu purumā́yyam* (cf. d'une part Vāl., I, 9, et de l'autre I, 175, 6 ; on peut hésiter entre les deux rapprochements).

5. Au premier rang des termes communs, il faut naturellement placer le verbe qui, souvent d'ailleurs, n'est commun que par métaphore, II, 16, 7 ; 28, 4 ; VIII, 82, 3 et *passim*. Le cas le plus rare, mais aussi le plus curieux, est celui où un verbe qui ne conviendrait qu'au propre est étendu à la comparaison, III, 38, 1, abhí *táshṭevā dīdhayā manīshā́m*. Cf. III, 2, 3 ; X, 40, 4.

6. Les particules *ná, iva* et *yathā* sans accent, sont toujours placées

le terme ou les termes de comparaison construits au même cas que les termes propres auxquels ils se rapportent[1], et formant une sorte d'appendice placé, soit au commencement,

I, 106, 1. ráthaṃ ná durgắd *vasavaḥ sudānavo viçvasmān no áṃhaso nish pipartana,*

soit à la fin,

III, 45, 1. *mā́ tvā ké cin ni yaman* víṃ ná pāçínaḥ;

soit au milieu, à la manière d'une incise :

Vāl. 4, 4. *táṃ tvā vayáṃ* sudúghām iva godúho *juhūmási çravasyávaḥ.*

Le terme de comparaison peut d'ailleurs être plus ou moins éloigné du terme propre correspondant, comme au vers VIII, 35, 19, et dans l'exemple suivant, où cet éloignement ou toute autre cause a trompé M. Grassmann :

après un terme de comparaison, ordinairement après le premier exprimé, mais quelquefois aussi après deux termes, soit après un substantif accompagné de son épithète, x, 134, 6, ou un participe accompagné de son régime, x, 94, 13, cf. x, 78, 4, soit même après deux termes indépendants l'un de l'autre, x, 89, 7 ; 97, 8 ; 106, 1 ; 119, 3.

1. Les termes propres sont assez souvent sous-entendus, par exemple un régime à l'accusatif, I, 141, 9 et 13 ; IV, 39, 5 ; VIII, 34, 3 ; 61, 6 ; IX, 70, 10 ; x, 68, 2 ; 131, 5 ; 178, 2 ; A. V., v, 26, 5 ; XII, 3, 23, exprimé d'ailleurs quelquefois immédiatement avant, x, 116, 9, ou après, I, 116, 1 ; II, 33, 6 ; VI, 64, 3, ou suggéré par un génitf qui en dépend, x, 68, 9, un régime indirect, II, 28, 6, le sujet, VIII, 92, 11, sans parler des termes ajoutés dans la comparaison auxquels ne répond aucun terme propre : instrumental, I, 34, 1 ; 116, 24 ; 130, 4 et 10 ; 166, 11 ; II, 2, 5 ; 27, 16 ; 34, 2 ; v, 4, 9 ; VI, 68, 8 ; 75, 14 ; VIII, 72, 3 ; IX, 17 1 ; A. V., II, 12, 3, locatif, II, 2, 2 ; IV, 17, 16 ; VIII, 40, 1 ; x, 89, 14, ablatif, VI, 16, 38 ; x, 106, 2, et même accusatif, III, 45, 4 ; VI, 47, 14. D'autres fois, c'est, au contraire, un terme de comparaison qui est omis, comme au vers I, 114, 9, *úpa te stómān paçupā́ ivā́karam,* où le régime non exprimé *gā́s* est suggéré par le sujet *paçupā́s,* cf. I, 55, 1 ; IV, 6, 2 ; v, 54, 4 ; 61, 17 ; VIII, 64, 12, et VII, 104, 2, où on obtient un sens excellent en sous-entendant *agním,* suggéré par *agnivā́n* (*tápus* est un nominatif construit avec *aghám*). Aux vers v, 25, 9 ; VIII, 85, 11, le régime direct de la comparaison est suggéré par un instrumental. L'instrumental suggère le sujet aux vers I, 185, 1 ; III, 33, 2 ; 36, 6 (le rapprochement de ces deux passages suffit pour écarter l'hypothèse d'un duel *rathyā̀*). — On voit, dans des formules consécutives, I, 97, 7 et 8, cf. 30, 14 et 15, ou simplement équivalentes, VIII, 35, 7 ; 8 ; 9 et 45, 24, tantôt le régime propre suggérer le régime de comparaison, tantôt le régime de comparaison suggérer le régime propre.

I, 26, 4. *ā́ no barhī́ riçā́daso várunọ mitró aryamā́ — sīdantu* mánusho yathā̆.

Le sens est que les dieux doivent s'asseoir sur l'autel de leurs suppliants, non pas « comme des hommes » (comme des personnes naturelles ?), mais comme ils se sont assis sur celui de Manus [1].

De même la comparaison incise peut déterminer une hyperbate plus ou moins forte dans la construction des termes propres ou communs, A. V., VI, 2, 2, *ā́ yám viçántī́ndavo váyo ná vṛikshám* ándhasaḥ. Cf. I, 173, 3 ; IV, 31, 13 ; X, 68, 2 et 5 ; 72, 2 ; 91, 7 et *passim.*

Enfin, l'hyperbate peut être à l'intérieur de la comparaison elle-même, I, 33, 2, *úpéd ahám dhanadā́m ápratītam* júshāmṭ *ná çyenó* vasatím *patāmi.* Cf. I, 186, 7.

Les particularités vraiment dignes de remarque commencent quand les termes communs, ou même les termes propres sont construits dans la comparaison, et quand les termes de comparaison ne sont pas aux mêmes cas que les termes propres auxquels ils se rapportent. Enfin, les rapports des termes de comparaison entre eux donneront lieu également à des observations importantes. A ces trois chefs correspondront trois parties distinctes dans le présent mémoire.

I. Construction de termes communs dans la comparaison.

La construction de termes communs dans la comparaison peut n'être, et n'est en effet, le plus souvent, qu'une question d'ordre des mots.

Tel est le cas pour l'épithète commune des deux sujets dans l'exemple suivant :

VII, 22, 1. *píbā sómam indra mándatu tvā yám te*

1. M. Ludwig a pensé à ce sens dans son commentaire ; il me paraît absolument sûr.

sushā́va haryaçvā́drih — *sotúr bāhúbhyām* súyato *nā́rvā*[1]. Cf. III, 2, 11.

Pour le sujet commun dans celui-ci :

V, 36, 2. *ā́ te hánū harivah çūra çipre rúhat* sómo ná *párvatasya prishthé*. Cf. VI, 24, 6.

Pour le régime direct :

IX, 84, 2. *Krinvánt samçritam viçritam abhishtaya induh sishakty* ushásam ná *sū́ryah*. Cf. I, 52, 5 ; IV, 40, 3 ; V, 15, 5 ; IX, 110, 6 ; X, 79, 6.

Pour un régime indirect :

II, 14, 2. *ádhvaryavo yó apó vavrivā́msam vritrám jaghā́nā*çányeva *vrikshám*... Cf. IV, 41, 8.

Pour un génitif, séparé d'ailleurs par hyperbate du terme, également commun, dont il dépend :

IV, 45, 4. mádhvo ná *mákshah sávanāni gachathah*.

Ce qui prouve bien qu'il ne faut pas chercher l'explication de ces tours dans une construction insolite de *ná* ou de *iva*[2] en tête de la comparaison, ce sont des exemples comme les suivants, où le terme de comparaison est construit avant le terme commun suivi lui-même de la particule comparative.

V, 56, 5. *marútām purutámam ápūrvyam* gávām sárgam iva *hvaye*.

VIII, 32, 23. sū́ryo raçmím yáthā *srija*[3].

X, 134, 6. *pū́rvena maghavan padā́*jó vayā́m yáthā *yamah*[4]. Cf. encore X, 68, 4 ; 127, 4.

Ou comme celui-ci qui oblige à sous-entendre avec un génitif propre le terme commun exprimé avec un génitif de la comparaison :

X, 68, 7. *āndéva bhittvā́* çakunásya gárbham *úd usríyāh* párvatasya *tmánājat*. Cf. IV, 38, 8.

Souvent, c'est le verbe même, c'est-à-dire le terme essentiellement commun qui est construit dans la com-

1. L'épithète *súyatas* « bien conduite » paraît être commune : elle est le seul trait de ressemblance entre la pierre du pressoir et le cheval.

2. Pour *iva*, qui est sans accent, l'hypothèse semblerait monstrueuse.

3. Sur le sens, voir plus bas, p. 85.

4. Ici le sujet de la comparaison est précédé d'un instrumental appartenant également à la comparaison.

paraison. Dans un bon nombre de cas, on peut hésiter entre cette interprétation et l'hypothèse d'une hyperbate rejetant en dehors de la comparaison, soit l'épithète d'un de ses termes,

IX, 67, 12. *ayáṃ ta āghṛiṇe sutó* ghṛitáṃ *ná pavate* çúci.

Soit, au contraire, un terme annoncé par son épithète,

I, 58, 5. *tápurjambho vána ā́ vā́tacodito yūthé ná* sāhvā́ñ *áva vāti* váṃsagaḥ. Cf. I, 173, 11 ; V, 7, 7 ; X, 89, 8[1],

Ou par un génitif qui en dépend,

I, 116, 15. *carítraṃ hí* vér *ivā́chedi* parṇám,

Soit enfin un régime indirect :

II, 14, 11. *tám ū́rdaraṃ ná pṛiṇatā* yávenéndraṃ *sómebhis tád ápo vo astu*. Cf. VI, 46, 14.

A la vérité, la seconde explication semble bien dure dans les cas où un terme essentiel, le sujet, par exemple, se trouverait ainsi rejeté sans même avoir été annoncé :

V, 51, 7. *sutā́ índrāya vāyáve sómāso dádhyāçiraḥ* — *nimnáṃ ná yanti* síndhavaḥ. Cf. III, 1, 4 ; VI, 24, 6.

Mais la preuve qu'elle est possible, même alors, c'est qu'une hyperbate pareille se rencontre pour le régime direct de la comparaison dans des phrases où le verbe ne peut être rapporté qu'au sujet propre[2] :

A. V. VI, 54, 1. *asyá kshatráṃ çríyaṃ mahī́ṃ* vṛishṭír iva *vardhayā* tṛ́ṇam. Cf. I, 32, 14.

Il y a cependant des cas où la construction du verbe dans la comparaison est indéniable. C'est quand il a des sujets différents, par le nombre ou par la personne, et qu'au lieu d'être construit avec le sujet propre et sous-entendu avec le sujet de la comparaison, il est, au contraire, construit avec celui-ci :

1. Au vers I, 167, 3, un préfixe remplaçant le verbe est placé comme aurait pu l'être le verbe lui-même : *sabhā́vatī vidathyèva sáṃ vā́k*. On voit aussi un préfixe se détacher du verbe pour entrer dans la comparaison, VI, 57, 5 ; Vāl. 1, 2. Cf. encore VI, 20, 1 ; 34, 4 (plus bas, p. 83, note 2).

2. Il en est de même au vers X, 89, 12, où le terme rejeté par hyperbate est une simple épithète du sujet (voir ci-dessus), et au vers III, 15, 5, où c'est un accusatif du but.

VIII, 6, 38. *ánu tvā́* ródasī ubhé cakrám *ná* varty *éta-çam.*

Rien n'est plus clair qu'un pareil tour[1]. Les deux mondes obéissent à Indra comme la roue obéit au cheval Etaça : « obéissent » est sous-entendu et « obéit » est exprimé.

De même, dans la phrase suivante : « Si nous avons trompé comme les joueurs trompent au jeu », entre les deux personnes, c'est la troisième[2] et non la première qui a été choisie :

V, 85, 8. *kitavā́so yád* riripúr *ná dīvi yád vā ghā sa-tyám utá yán ná vidmá...*

Il arrive même ici que la comparaison a tout absorbé, le pronom « nous » étant sous-entendu et suggéré seulement par ce qui suit. Ce pronom est, au contraire, exprimé dans l'exemple suivant où l'on ne peut guère, à quelque sens qu'on s'arrête pour l'ensemble, méconnaître un nouvel exemple de la construction du verbe avec le sujet de la comparaison[3] :

I, 66, 9. *táṃ vaç carā́thā* vayā́ṃ *vasatyā́staṃ ná* gā́vo nákshanta *iddhám.*

Enfin, un pronom relatif représentant le sujet propre peut être lui-même attiré, en même temps que le verbe, au nombre du sujet de la comparaison :

I, 190, 2. *tám ṛitvíyā úpa* vā́caḥ *sacante* sárgo *ná* yó *devayatā́m* ásarji.

Une autre explication, beaucoup plus simple à première vue, de ce tour, consisterait à faire porter le relatif sur *sárgas ;* mais je ne sais s'il y a un seul exemple dans la langue védique d'une proposition relative ainsi rattachée à un terme de comparaison[4]. Au contraire, l'ana-

1. M. Ludwig fait intervenir ici sa théorie de l'infinitif antérieur au verbe personnel : *varti* serait une forme de ce genre.

2. Nouvel infinitif dans la théorie de M. Ludwig.

3. M. Ludwig, dans son commentaire, paraît la reconnaître implicitement. Ou bien *nákshante* serait-il aussi, selon lui, un infinitif ?

4. Au vers IX, 97, 46, une formule presque identique s'explique sans difficulté, le sujet propre étant au même nombre. La construction du pronom relatif, par simple hyperbate, au milieu des termes de la

logie des constructions précédentes paraît fournir une explication satisfaisante de celle-ci : *ásarji* construit avec *sárgas*, et *yás* au lieu de *yā́s* par attraction.

La même analogie peut rendre compte de la prière suivante aux Maruts ; on y remarque seulement une particularité nouvelle, la répétition du verbe à la personne et au nombre exigés par le sujet propre, après qu'il a été construit une première fois avec le sujet de la comparaison :

VII, 58, 3. *gató nā́dhvā* ví tirāti *jantúm prá ṇaḥ spārhā́bhir ūtíbhis* tireta.

Ici encore, il ne faut pas se laisser tromper à l'apparence et admettre, contre toute analogie, une comparaison en deux propositions, qui serait possible seulement avec *yáthā*. Cf. encore VI, 50, 10 et VIII, 12, 5.

Remarquons à ce propos que la répétition d'un terme commun déjà construit une première fois dans la comparaison se rencontre, non seulement pour le verbe, mais par exemple pour un régime direct :

I, 130, 4. *táshṭeva* vṛikshám vaníno *ni vṛiçcasi*. Cf. I, 67, 5 ; X, 31, 9.

Comme le verbe personnel, un participe ou un adjectif servant d'attribut commun a pu être construit au nombre du terme de comparaison :

VIII, 20, 20. *sā́hā yé* sánti mushṭihéva hávyo *víçvāsu pṛitsú hótṛishu* (les Maruts).

Il a pu l'être aussi avec le genre du même terme :

I, 163, 11. *táva çárīraṃ patayíshṇv árvan táva* cittám vā́ta *iva* dhrájīmān. Cf. II, 11, 1.

Je n'insiste pas sur ces derniers tours où l'adjectif ou participe peut aussi être rapporté comme simple épithète au terme de comparaison. Il n'en est pas moins vrai que, pour l'esprit, il reste attribut, et attribut commun[1].

Citons encore dans le même ordre d'idées une épithète commune construite avec un terme de comparaison

comparaison, se rencontre assez souvent, I, 73, 2 ; IX, 97, 48 (et 46) ; X, 95, 10 ; ajoutez VI, 20, 1 ; 34, 4, (plus bas, p. 83, note 2).

1. Voir, d'ailleurs, plus bas, p. 95, le vers VIII, 91, 15.

neutre et sous-entendue avec un terme propre féminin, ce qui ne l'empêche pas de gouverner un complément propre, en même temps qu'un complément de comparaison :

X, 68, 10. himéva parṇā́ mushitā́ *vánāni* bṛíhaspátinā́*kṛipayad való* gā́ḥ.

Ainsi, la construction de termes communs dans la comparaison peut avoir lieu même quand ils doivent être sous-entendus à un autre genre, à un autre nombre, et les verbes à une autre personne, avec les termes propres. Si c'est le cas le moins fréquent, c'est pourtant le plus caractéristique.

On a vu que les exemples où l'ordre des mots est seul en jeu peuvent souvent et doivent quelquefois s'expliquer par une pure hyperbate. Ajoutons, pour terminer, que l'effet de l'hyperbate peut être d'enclaver en apparence dans la comparaison, non plus seulement un terme commun, mais un terme propre :

VIII, 92, 7. *áçvaṃ ná* gīrbhī́ *rathyàṃ sudā́navo marmṛijyánte devayávaḥ*. Cf. I, 59, 1.

Les pronoms, en particulier, se rencontrent construits ainsi :

VII, 3, 6. *divó ná* te *tanyatúr eti çúshmaḥ*. Cf. VI, 24, 3[1].

Le verbe se trouve intercalé dans la comparaison en même temps que le régime propre dans l'exemple suivant :

I, 52, 7. *hradáṃ ná hí* tvā nyṛishánty *ūrmáyo bráhmāṇīndra táva yā́ni várdhanā*.

Ce degré d'hyperbate tourne à l'amphigouri[2]. Le rejet du sujet de la comparaison après le régime direct propre ne produit pas un effet moins étrange.

IV, 16, 13. *pañcāçát kṛishṇā́ ní vapaḥ sahásrā́*tkaṃ ná *púro* jarimā́ *ví dardaḥ*.

Hâtons-nous d'ajouter que l'amphigouri dans les com-

1. Avec la correction très vraisemblable *ná* pour *nú*.

2. Cf. la construction déjà signalée (p. 81, note 4), d'un pronom relatif dans la comparaison, et surtout les vers VI, 20, 1 et 34, 4, où le pronom relatif (la conjonction dans le second exemple) s'y trouve intercalée en même temps qu'un ou deux préfixes annonçant le verbe.

paraisons[1] n'est qu'un cas particulier de l'amphigouri védique. En voici un exemple dans une phrase où le terme sorti du groupe de mots auquel il appartient est le sujet d'une proposition principale, égaré dans une proposition subordonnée :

VII, 43, 1. *prá vo yajñéshu devayánto arcan dyā́vā námobhiḥ pṛithivī́ ishádhyai — yéshām bráhmāṇy ásamāni* víprā *víshvag viyánti vaníno ná çā́khāḥ*.

II. Concordance imparfaite des termes de comparaison et des termes propres.

Disons d'abord que la concordance entre les termes de comparaison et les termes propres, là même où elle est respectée, est quelquefois très artificielle. Ainsi, le rapport exprimé par deux cas semblables peut être fort différent dans le terme propre de ce qu'il est dans le terme de comparaison. Tels les deux locatifs d'une phrase où l'éloge adressé « à Agni » est comparé au soleil montant « dans le ciel ».

V, 1, 12. *gávishṭhiro námasā stómam* agnaú divíva *rukmám uruvyáñcam açret.* Cf. X, 68, 8.

La langue védique exprime par un même verbe l'idée de dénouer un nœud et de délier un prisonnier, par un autre celle de tenir les rênes et de tenir en bride des chevaux, ou au figuré des races, par un troisième celle de « ployer » en cercle la jante d'une roue et celle d' « incliner » un dieu vers ses suppliants ; il n'en est pas moins bizarre que des régimes directs construits dans des rapports si différents avec le verbe soient comparés entre eux :

X, 143, 2. *dṛiḷhám* granthíṃ *ná ví shyatam* átriṃ *yávishṭham ā́ rájaḥ.*

I, 141, 11. raçmī́ñr *iva yó yámati jánmanī ubhé.*

1. Voir encore I, 39, 1, où la construction du terme propre et celle du terme de comparaison paraît purement et simplement renversée.

VII, 32, 20. *ā va* índram *puruhūtáṃ name girā̆* nemíṃ *táshṭeva sudrvàm*. Cf. VIII, 64, 5.

On rencontre dans l'Atharva-Veda, I, 11, 6, un abus analogue des deux sens de la racine *pat*, « voler » et « tomber ».

Dans les exemples suivants, le poète abuse des sens différents d'un même préfixe :

A. V. VI, 12, 1. pári dyām *iva sūryó'* hīnāṃ jánim*āgamam*.

VIII, 66, 3. sám *it* tā́n *vṛitrahā́khidat* khé arā́n̐ *iva khédayā*.

Remarquons à ce propos que le mot *raçmí*, signifiant proprement « rêne », et par métaphore « rayon du soleil », est pris comme terme commun d'une comparaison entre Indra « lâchant les rênes » de ses chevaux et le soleil « dardant ses rayons » : VIII, 32, 23. *sū́ryo* raçmíṃ *yáthā* sṛijā́ *tvā yachantu me giraḥ*. On pourrait citer encore, entre autres jeux de mots devenus un prétexte à comparaisons, les nombreux passages où le même terme désigne l'arbre sur lequel perche l'oiseau, et le bois où s'allume Agni, I, 66, 2 ; X, 91, 2 ; 115, 3, ou bien la cuve de bois où coule le soma, IX, 57, 3 ; 96, 23, cf. 33, 1, et vers laquelle s'élancent les dieux auxquels il est destiné, VIII, 35, 7.

Un autre genre de concordance imparfaite ou artificielle est celui que les ṛishis établissent entre le contenant et le contenu :

I, 130, 2. *píbā* sómam *indra suvānám ádribhiḥ kóçena siktám avatáṃ ná váṃsagaḥ*.

Entre la matière première et le produit :

IV, 22, 8. *pípīḷé* aṃçúr *mádyo ná síndhuḥ*. Cf. VII, 68, 8.

Entre le concret et l'abstrait :

IX, 70, 6. nā́nadad eti *marútām iva* svanáḥ (Soma). Cf. I, 100, 13 ; III, 54, 14.

Ce rapport a été méconnu au vers VII, 56, 8, où les cœurs irritables des Maruts sont comparés à l'ascète[1]

1. Quoi qu'en dise M. Roth, suivi par M. Grassmann, le sens

furieux (dont on a troublé les méditations) : *çubhró vaḥ çúshmaḥ* krúdhmī mánāṃsi dhúnir múnir iva *çárdhasya dhṛishṇóḥ.*

Il est particulièrement choquant au vers IX, 88, 5, où on attendrait le génitif au lieu du nominatif : jáno ná yúdhvā *mahatá upabdíḥ.*

Même observation sur le rapport du tout et de la partie au vers I, 58, 2 : átyo *ná pṛishṭáṃ prushitásya rocate.*

Dans un ordre d'idées tout différent, on peut relever aussi comme exemples d'une concordance purement artificielle les phénomènes d'attraction tels que la construction parallèle de deux accusatifs, dont l'un, le terme de comparaison, ne dépend pas réellement pour le sens du verbe qui gouverne le terme propre. Ainsi, on loue « le jeune dieu » (Rudra) terrible comme une bête fauve ; mais on ne louerait pas « la bête fauve » ; les deux mots n'en sont pas moins construits également à l'accusatif :

II, 33, 11. stuhí *çrutáṃ gartasádaṃ* yúvānaṃ mṛigáṃ ná bhīmám *upahatnúm ugrám.*

Ici, d'ailleurs, il s'agit d'une *particularité* qui ne peut à aucun égard passer pour une *irrégularité.* La langue védique ne paraît pas connaître d'autre construction pour les cas de ce genre, cf. I, 131, 2 ; VII, 85, 1 ; VIII, 77, 2, etc., et elle n'est pas moins ordinaire en sanscrit classique.

On trouve même, mais exceptionnellement, le terme de comparaison attiré au vocatif par le terme propre :

I, 30, 21. *vayám hí te ámanmahy ántād á parākát* — áçve ná citre arushi (l'aurore). Cf. I, 57, 3.

De la concordance artificielle nous passons au défaut de concordance.

Dans les cas où deux constructions sont possibles pour exprimer le même rapport, on rencontre souvent l'une

d' « impétuosité » est une hypothèse sans fondement. Le sens de « silence », supposé par M. Ludwig, en est une autre. Les *munis* sont célébrés dans un autre hymne du Ṛig-Veda, x, 136. L'hyperbate qu'il faut admettre dans mon interprétation n'est pas plus forte que beaucoup d'autres, par exemple celle de A. V, vi, 2, 2.

pour le terme propre, l'autre pour le terme de comparaison :

V, 1, 4. agním áchā *devayatā́ṃ mánāṃsi cákshūṃshīva* sū́rye *sáṃ caranti*. Cf. I, 30, 4 ; 57, 2 ; II, 16, 1 ; V, 43, 7 ; VII, 43, 3 ; 103, 7.

Il faut signaler à part les tours où la comparaison est exprimée par une sorte de locatif absolu en regard d'une construction des termes propres avec un verbe personnel :

I, 181, 8. *vṛ́shā vāṃ meghó vṛishaṇā* pīpāya gór ná séke *mánusho daçasyán*. Cf. IX, 47, 5 ; A. V. XII, 1, 18.

La concordance fait également défaut, pour des raisons diverses, dans les comparaisons suivantes où nous nous contentons de signaler les termes qui se répondent pour la signification, sans se répondre pour la construction :

I, 83, 1. *tám ít pṛiṇakshi* vásunā *bhávīyasā síndhum* ā́po *yáthābhíto vícetasaḥ*.

I, 84, 1. *ā́ tvā pṛiṇaktv* indriyáṃ *rájaḥ sū́ryo ná* raçmíbhiḥ.

I, 185, 2. *nítyaṃ ná sūnúṃ* pitrór *upásthe* dyā́vā *rákshataṃ* pṛithivī *no ábhvāt*.

I, 187, 11. *táṃ tvā vayáṃ pito* vácobhir gā́vo *ná havyā́ sushūdima*.

IV, 31, 4. *abhī́ na ā́ vavṛitsva cakráṃ ná vṛittám* árvataḥ — niyúdbhiç *carshaṇīnā́m*.

Voici, dans le même ordre d'idées, un tour des plus bizarres :

VI, 3, 4. *vijéhamānaḥ* paraçúr *ná* jihvā́m (Agni).

Le mot *paraçú* « hache » est au nominatif, apparemment parce que la langue du feu comparée à une hache n'est autre que le feu lui-même.

Dans tous ces exemples, si la symétrie est violée (et dans le dernier, en apparence, aussi le sens commun), la syntaxe est respectée en somme. Il reste toujours possible de faire un « mot à mot » tel quel. La double construction des noms d'agent avec le génitif ou l'accusatif peut aussi rendre compte de ceux-ci :

II, 23, 2. usrā́ iva *sū́ryo jyótishā mahó víçveshām ij* janitā́ bráhmaṇām *asi.*

X, 22, 3. bhartā́ vájrasya *dhṛishṇóḥ pitā́* putrám *iva priyám.*

Mais les observations qui vont suivre montreront qu'il pourrait bien aussi n'exister aucun rapport syntactique entre les noms d'agent *janitā́, bhartā́,* et les accusatifs construits comme termes de comparaison.

On ne peut nier, en effet, que l'anacoluthe, dont on trouverait des exemples dans toutes sortes de constructions védiques, ne soit particulièrement fréquente dans les comparaisons. Il est vrai que souvent l'anacoluthe s'explique par l'introduction, en quelque sorte mécanique, d'une formule toute faite. Mais justement, pour le second au moins des exemples cités, il ne serait pas difficile de signaler les éléments d'une formule pareille dans plus d'une comparaison avec le père, I, 38, 1 ; X, 69, 10, cf. VI, 16, 40, ou la mère, VI, 75, 4, portant son fils (à l'accusatif) dans ses bras.

Quoi qu'il en soit, aucun doute ne peut subsister sur des passages tels que ceux-ci :

VIII, 81, 12. *vayám u* tvā *çatakrato* gā́vo ná yávaseshv ā́ — *ukthéshu raṇayāmasi.* — Il aurait fallu un accusatif, *gā́s,* dépendant comme *tvā* du verbe causal *raṇayāmasi.* Mais le nominatif, *gā́vas,* était donné par les formules construites avec le verbe simple, I, 91, 13 : *sóma* rāran-dhí *no hṛidí* gā́vo ná yávaseshv ā́. (Cf. V, 53, 16 ; X, 25, 1.)

VI, 49, 12. *sá pispṛiçati tanvì çrutásya* strī́bhir ná nā́kam *vacanásya vípaḥ.* La formule *strī́bhir ná nā́kam,* (cf. *dyaúr ná strī́bhiḥ,* II, 2, 5 ; 34, 2 ; I, 166, 11, et à l'accusatif, IV, 7, 3 et I, 68, 10) n'est pas construite avec le verbe *pispṛiçati,* mais avec l'idée d' « être paré » qu'implique l'ensemble de la phrase.

I, 39, 9. *ásāmi hí prayajyavaḥ káṇvaṃ dadá prace-tasaḥ* — *ásāmibhir maruta ā́ na* ūtíbhir gántā vṛishṭíṃ ná vidyútaḥ. Il suffit de comparer le vers IX, 100, 3, *tváṃ* dhíyaṃ *manoyújaṃ* sṛijā́ vṛishṭíṃ ná tanyatúḥ, pour comprendre qu'il ne s'agit pas ici d'éclairs « allant vers la pluie », mais d'éclairs « donnant la pluie ». Pour que la construction fût régulière, au lieu de « venez avec des secours », il faudrait « donnez-nous votre secours ». On remarquera que le verbe « donner » est justement exprimé dans la proposition précédente[1].

X, 142, 2. *prá sáptayaḥ prá sanishanta no dhíyaḥ* puráç caranti paçupā́ iva *tmánā*. Le berger ne marche pas d'ordinaire, que je sache, en tête du troupeau. Le terme de comparaison sujet est donc construit, non avec le verbe « aller » exprimé, mais avec un verbe « envoyer » qui est dans l'esprit. Cf. la formule du vers I, 114, 9, *úpa te stómān paçupā́ ivā́karam.* Le terme « berger » implique la comparaison des hymnes à des vaches.

X, 40, 6. *yuvór ha mákshā páry açvinā mádhv āsā́ bharata* nishkṛitám ná yóshaṇā. La formule *nishkṛitáṃ ná yóshaṇā* était donnée par les phrases qui contiennent un verbe signifiant « aller », X, 34, 5, cf. IX, 93, 2 et I, 123, 9 ; IX, 69, 4 ; 86, 32[2]. Elle est introduite ici dans une nouvelle phrase où l'idée d'aller n'est pas exprimée, mais seulement suggérée par l'expression d'une autre action.

I, 132, 5. *índra okyàṃ didhishanta dhītáyo* devā́ñ áchā ná dhītáyaḥ. La formule de comparaison est rapportée ici encore à un verbe « aller » simplement suggéré, tandis qu'il est exprimé par exemple au vers I, 139, 1.

VIII, 32, 23. *sū́ryo raçmíṃ yáthā sṛijā́ tvā yachantu me gíraḥ* — nimnám ā́po ná sadhryàk[3]. Formule justifiée au vers IV, 47, 2, *yuvā́ṃ hí yántī́ndavo nimnám ā́po ná sadhryàk,* et formant ici une anacoluthe, même si l'on rapporte aux chants la comparaison avec les eaux qui suivent leur pente. Mais il se pourrait aussi que la com-

1. Je suis d'accord pour le sens avec M. Ludwig (dans son commentaire).

2. C'est ce qui nous interdit de supposer pour le mot *nishkṛitám* « rendez-vous », le sens de « nourriture préparée » que lui donne M. Ludwig. — La « mouche » qui apporte aux Açvins un doux breuvage « dans sa bouche » est naturellement le prêtre qui leur offre son hymne de louange et qui « arrive comme une femme au rendez-vous. »

3. Sur la première comparaison, voir plus haut, p. 85.

paraison portât sur Indra, qui descend conduit par les chants. Cf. I, 83, 2 ; 181, 3.

Au vers VIII, 3, 23, *yásmā anyé dáça práti* dhúram váhanti *váhnayaḥ* — ástam váyo ná túgryam, c'est bien le verbe *vah* qui convient à la formule, comme on le voit par un autre passage, VIII, 63, 14 : *suráthāso abhi práyo* vákshan váyo ná túgryam. La construction n'en forme pas moins anacoluthe puisqu'il s'agit, d'un côté de « porter le joug », de l'autre de « porter quelqu'un dans sa maison ». Le passage aurait pu être rangé au nombre des cas de symétrie artificielle. L'existence constatée de la formule *váyo ná túgryam* m'a déterminé à le placer ici.

Un cas analogue est celui du vers VI, 75, 4, *té ācá-rantī* sámaneva yóshā (les deux bouts de l'arc). La formule se retrouve par exemple au vers IV, 58, 8 : *abhi pravanta* sámaneva yóshāḥ *kalyāṇyàḥ smáyamānāso agním*. Le premier passage cloche en ce qu'une comparaison applicable à l'un des deux individus d'un couple est appliquée au couple lui-même.

Les bouts de l'arc eux-mêmes figurent dans une formule de comparaison qui est construite à peu près[1] régulièrement au vers X, 166, 3, *átraivá vó' pi* nahyāmy ubhé ártnī iva jyáyā, mais qui reparaît au vers I, 1, 3, de l'Atharva-Veda dans un véritable galimatias : *ihaívá*bhí ví tanūbhé ártnī iva jyáyā—*vācáspátir ní yachatu máyy evā́stu máyi çrutám*. Le suppliant demande à Vācaspati de lui assurer la connaissance des formules efficaces. Le dieu doit la fixer[2] chez lui, l'y attacher « comme les deux bouts de l'arc avec la corde ». Seulement, au lieu d'exprimer l'idée de « lier », le poète a exprimé celle de « tendre » qui ne conviendrait qu'à la corde elle-même[3].

1. A peu près, parce que le duel de la comparaison n'est pas du tout appelé par le terme propre.

2. *ní yachatu*. M. Weber (*Indische Studien*, IV, p. 393) donne à cette expression, comme à *ní ramaya* au vers précédent, un sens neutre qui paraît incompatible à la fois avec leur forme et avec leurs autres emplois.

3. M. Weber (*ibid.*) introduit l'idée de « bras » : « Etends ici tes

L'anacoluthe n'est trahie que par un terme additionnel au vers X, 62, 9 : *ná tám açnoti káç caná divá iva sā́nv* ārábham. L'infinitif accusatif *ārábham* ne s'explique que par l'idée de « pouvoir », exprimée au vers IX, 73, 3, *dhī́rā ic* chekur *dharúṇeshv* ārábham, mais seulement suggérée ici par le verbe *açnoti*.

Au vers VIII, 43, 32, *sá tvám agne vibhā́vasuḥ* sṛjánt sū́ryo ná raçmíbhiḥ — *çárdhan támāṃsi* jighnase, *sṛján* faisait attendre *raçmī́n*[1], cf. VIII, 32, 23, et *raçmíbhis* est dû sans doute à la formule toute faite *sū́ryo ná raçmíbhiḥ*, I, 84, 1 ; IX, 41, 5 ; il pourrait cependant s'expliquer aussi comme construit avec *jighnase* (*raçmī́n* étant sous-entendu avec *sṛján*).

Au contraire, l'anacoluthe passe la mesure dans l'exemple suivant :

I, 30, 2. *çatáṃ vā* yáḥ *çúcīnāṃ sahásraṃ vā sámāçirām* — *éd u* nimnáṃ ná rīyate. Ici, c'est le verbe même qui est emprunté à des formules connues, X, 40, 9, *ā́smai* rīyante *nivanéva síndhavaḥ*, cf. I, 85, 3, et construit, sans aucun souci de la syntaxe, à la fin d'une proposition dont l'accusatif devrait être son sujet, et le nominatif son régime au datif ou à l'accusatif du but[2].

L'influence des formules est tout particulièrement visible quand elle s'exerce d'une stance à la stance suivante :

X, 10, 7. *ví cid* vṛiheva ráthyeva cakrā́. — 8. *téna ví* vṛiha ráthyeva cakrā́[3].

Ou même à la stance précédente :

bras comme ceux de l'arc avec la corde ». Ce n'est qu'un expédient. Mieux vaudrait encore séparer le second pâda du premier et le joindre au troisième. Mais il semble bien que l'idée de ce second pâda a plus de rapports avec la racine *tan* qu'avec la racine *yam*.

1. M. Grassmann et M. Ludwig admettent ici une construction de *sṛij* avec l'instrumental ; ce n'est encore qu'un expédient.

2. M. Ludwig a très bien vu la vraie construction. M. Grassmann s'est arrêté à l'hypothèse invraisemblable d'un emploi transitif du verbe *ā́ rīyate*.

3. On ne voit pas bien ce que M. Ludwig gagne à décomposer *vriheva* en *vriha iva* dans la première stance, où précisément le verbe au duel justifie le terme de comparaison au duel. Cf. plus haut vi, 75, 4, p. 90 et note 1.

X, 69, 5. çûra *iva dhṛishṇúç cyávanaḥ sumitráḥ prá nú vocaṃ* vâdhryaçvasya *nâma*. — 6. çûra *iva dhṛishṇúç cyávano jánānāṃ* tvâm *agne pṛitanāyûñr abhi shyāḥ*.

Mais même en l'absence de formule connue, on ne doit pas craindre d'admettre des anacoluthes du même genre. D'abord la formule peut avoir été en usage et ne nous être pas conservée. Ensuite, il ne faut pas méconnaître les droits de la fantaisie individuelle. L'anacoluthe, en effet, s'explique par la syllepse autant que par l'abus des formules.

Ainsi, au vers I, 180, 9, *prá yád váhethe mahinā́ ráthasya prá syandrā yātho* mânusho nâ hótā, je suis très tenté de croire que la comparaison *mánusho ná hótā*, « comme le hotar de Manus » (et non « de l'homme ») se rapporte à l'idée suggérée : « Puissé-je vous faire descendre à mon appel ! »[1] Il est probable qu'on trouverait dans cette voie la clef de bien d'autres difficultés d'interprétation.

III. Rapport des termes de comparaison entre eux.

Les termes essentiels de la comparaison étant construits en principe avec le verbe commun, il n'est question ici que des rapports possibles entre un de ces termes essentiels et un terme accessoire qui devrait être régi par lui au génitif, ou l'accompagner en qualité de complément circonstanciel, à l'instrumental par exemple[2]. On va voir[3] que ce terme, au lieu d'être construit dans une

1. Cf. I, 59, 4, qui pourrait peut-être s'expliquer dans le même ordre d'idées. Signalons surtout dans l'Atharva-Veda le vers III, 30, 7, devâ *ivāmṛitaṃ rákshamāṇāḥ sāyámprātaḥ* saumanasó vo astu. Je crois que la comparaison porte uniquement sur *saumanasds*, et qu'on ne doit pas sous-entendre *sta*, comme le propose M. Weber (*Indische Studien*, XVII, p. 309.) Il faudrait régulièrement *devânām*, etc.

2. L'adjectif construit comme épithète ne donne lieu à aucune observation particulière.

3. J'ai déjà traité une première fois ce sujet dans la *Revue critique* du 11 décembre 1875, p. 376.

dépendance plus ou moins étroite du terme essentiel, est souvent au même cas que lui.

La plupart des faits, et surtout les plus clairs peuvent être ramenés à la formule suivante :

Deux termes de la comparaison, qui auraient pu être choisis à peu près indifféremment pour être construits, l'un à un cas donné, comme correspondant à un terme propre (et devenant ainsi le terme essentiel), le second à un autre cas (et devenant ainsi le terme accessoire), sont construits tous les deux au cas donné[1]. Quelquefois le nombre des termes ainsi construits parallèlement, quoique leur sens paraisse impliquer des relations différentes, s'élève jusqu'à trois.

Parmi les formules répondant à la condition indiquée, on peut citer d'abord la combinaison d'un mot exprimant l'idée de « troupe » avec un autre mot désignant

1. Il ne faut pas confondre cette construction avec l'apposition proprement dite, où l'esprit même ne conçoit aucun rapport de dépendance entre les termes construits au même cas. L'apposition est fréquente dans les comparaisons, et les deux termes apposés sont presque toujours à peu près synonymes, I, 66, 1 ; 70, 11 ; V, 79, 9 ; I, 62, 10 et 186, 7 ; IX, 68, 1 et X, 95, 6 ; I, 32, 2 ; A. V., XII, 3, 37, (contre *vājín* simple épithète de *áçva*, III, 29, 6 ; VI, 67, 4 ; VII, 7, 1 ; 41, 6 ; 70, 1 ; 104, 6 ; IX, 87, 1 ; X, 143, 2 ; A. V., III, 16, 6, ou de *átya*, I, 130, 6 ; 135, 5 ; III, 38, 1 ; V, 30, 14 ; IX, 6, 5 ; 93, 1 ; 96, 15, et *sápti*, épithète des mêmes mots, III, 22, 1 ; VI, 59, 3 ; X, 6, 2, voir, outre les emplois de l'un et de l'autre comme substantifs, le vers IX, 96, 9, où ils sont apposés l'un à l'autre de la même manière ; voir aussi mes *Etudes sur le lexique du Rig-Veda*, sous *átya*). Souvent ils le sont tout à fait, et forment un véritable pléonasme, I, 59, 1 ; X, 95, 3 ; A. V., I, 3, 8 ; V, 20, 10, et surtout II, 39, 5, akshī́ *iva* cákshushā́ *yātam arvā́k* (l'hypothèse d'un *cákshus* adjectif n'est justifiée par aucune des citations de M. Roth et de M. Grassmann ; toutes s'expliquent par les rapports mythiques de l'œil avec le soleil). — On trouve aussi plus d'une fois deux mots au même cas, non plus en apposition, mais comme constituant deux comparaisons différentes avec une seule particule comparative, II, 34, 6 ; IV, 52, 2 ; IX, 41, 5 ; X, 49, 6 ; 178, 3 ; A. V., III, 11, 8, (rapprochez au vers VIII, 3, 16, trois comparaisons avec deux particules seulement, et opposez les cas où la particule comparative est répétée deux fois avec deux termes d'une même comparaison, I, 61, 4 ; 85, 8 ; 116, 23 ; 124, 7 ; 183, 5 ; IV, 1, 19 ; VI, 16, 40 ; VII, 24, 5 ; 76, 3 ; 89, 2 ; X, 77, 4 ; 93, 12 ; A. V. XX, 127, 4, ou même avec un seul, IX, 64, 7.) — Il n'est d'ailleurs pas impossible que ces constructions aient contribué par une analogie lointaine, ou même purement extérieure, à la formation du type que nous allons étudier.

les êtres qui composent la troupe. Il est clair que les Maruts pouvaient être comparés à volonté à des « troupes d'oiseaux » ou à des « oiseaux en troupes »[1]. Le mot « troupes » et le mot « oiseaux » sont construits parallèlement au nominatif[2] dans l'exemple suivant :

V, 59, 7. váyo *ná yé* çrénīḥ *paptúr ójasántān divó bṛihatáḥ sánunas pári.*

La même construction se rencontre au vers VIII, 85, 8, *usrā́ iva rāçáyaḥ* « comme des troupeaux de bœufs rouges »[3], et probablement aussi au vers VIII, 46, 30, *gā́vo ná yūthám* « comme un troupeau de bœufs » ou de « vaches »[4]. Il n'est pas impossible[5] que la locution *yūthéva paçváḥ* (toujours à l'accusatif), IV, 2, 18 ; V, 31, 1 ; VI, 19, 3, ait la même origine.

Le même hymne V, 59, auquel a été emprunté l'exemple indiscutable *váyo ná çrénīḥ,* présente, au vers 3, un autre exemple, non moins évident, d'une construction analogue. Les brillants Maruts pouvaient être comparés au soleil, ou, ce qui revenait au même, à l'œil du soleil (cf. vers 5 et *passim*); le mot « soleil » et le mot « œil » sont construits parallèlement au nominatif : *sū́ryo ná cákshuḥ*[6]. Le « souffle du vent » est exprimé de la même manière au vers I, 34, 7 : *ātméva vā́taḥ*[7].

Dès lors, il n'y a pas de difficulté à entendre la com-

1. Cf. pour cette dernière construction, I, 163, 10 ; III, 8, 9.

2. Selon M. Ludwig, *çrénīḥ* serait pour *çrényaiḥ* (?).

3. La traduction de M. Ludwig « wie stralenhaufen » suppose notre construction, mais elle n'est accompagnée d'aucune note. L'hypothèse d'un *usrá* adjectif devient ainsi inutile ; dans tous les autres passages pour lesquels M. Roth et M. Grassmann l'ont proposée, le mot est appliqué à des dieux, par une métaphore banale dans les hymnes.

4. Les *vádhrayaḥ* seraient des chevaux hongres donnés au prêtre par son patron et nombreux (ou dociles ?) comme un troupeau de bœufs. La construction de M. Ludwig semble impossible, et celle de M. Grassmann peu satisfaisante pour le sens.

5. La raison de douter est que *paçvás* peut être aussi un génitif.

6. M. Ludwig traduit bien, comme M. Grassmann, « wie der sonne auge », mais sans donner d'explication.

7. L'expression se retrouve, d'ailleurs, sans comparaison, au vers X, 92, 13 ; cf. encore *kshā́ma budhnám,* IV, 19, 4.

paraison *svàr ná jyótiḥ,* appliquée à Agni, IV, 10, 3, en ce sens : « comme la lumière du soleil » ou « du ciel »[1].

Il devient aisé aussi de traduire, au vers IX, 54, 2, adressé à Soma, la formule : *ayám sū́rya ivopadṛ́k.* Elle signifie à volonté, « il est comme l'aspect du soleil »[2], ou « il est comme le soleil par son aspect ». Les deux mots sont au même cas, comme dans les exemples précédents. Cette formule se retrouve, avec la complication d'une épithète commune rapportée au terme de comparaison, au lieu de l'être au terme propre[3], dans ce vers d'un hymne à Agni :

VIII, 91, 15. padám *devásya mīḷhúshó 'nādhṛish-ṭā́bhir ūtíbhiḥ* — bhadrā́ sū́rya ivopadṛ́k.

Ici l'épithète *bhadrā́* construite avec *upadṛ́k* ne laisse pas le choix entre les deux explications. La formule est pour *sū́ryasya ... upadṛ́k*[4].

Le courant est aux rivières ce que l'éclat est au soleil. On ne s'étonnera donc pas de voir le nom désignant la « rivière » ou les « eaux » et celui qui exprime le « courant » construits parallèlement au même cas, soit au nominatif, dans la comparaison *síndhur ná kshódaḥ,* quatre fois répétée[5], et appliquée à Agni, I, 65, 6 ; 66,

1. La traduction de M. Ludwig « liecht wie *svar* » ne fait que mettre en évidence la bizarrerie de la construction, sans en rendre compte. — Au vers VI, 34, 4, où Indra, dans le ventre duquel entre le soma, est comparé au ciel où le soma prend également place, uni à la clarté de la lune, nos rapprochements permettent de prendre *árc* (*arcéva māsā́*) comme un substantif abstrait, ce qui est plus conforme à l'usage des mots formés uniquement de la racine.

2. La traduction de M. Ludwig, « er ist ein anblick wie die sonne », paraît ici encore plus forcée. Sur le choix « à peu près » indifférent du concret ou de l'abstrait, voir plus haut, p. 85.

3. Voir plus haut, p. 82.

4. Cf. la comparaison *sū́ro ná saṃdṛ́k,* également appliquée à Agni, I, 66, 1, si *sū́ras* est là le génitif de *svàr.* Car nos rapprochements mêmes prouvent qu'il pourrait être aussi le nominatif de *sū́ra.*

5. M. Ludwig, lui-même, traduit le quatrième passage (et paraît entendre aussi le premier, cf. le commentaire de I, 180, 4), en faisant de *kshódas* l'équivalent d'un instrumental, sauf à présenter aussi la bizarre hypothèse d'un thème en *ṛi* dont *síndhus* serait le génitif. La construction qu'il adopte pour les deux autres paraît assez forcée, et l'analogie des précédents doit la faire écarter.

10, à l'aurore, I, 92, 12, et à Brahmanaspati, II, 25, 3, soit à l'accusatif dans *apó ná kshódah*[1], I, 180, 4. L'Atharva-Veda présente une construction analogue :

III, 29, 6. *íreva nópa dasyati* samudrá iva páyo mahát[2].

Dans tous ces exemples, on peut à volonté considérer le premier nominatif ou accusatif comme l'équivalent d'un génitif, ou le second comme l'équivalent d'un instrumental. La seconde interprétation paraît seule convenir à la comparaison suivante du Rig-Veda, appliquée aux deux Açvins, et où le mot « rivière » est construit au duel[3] :

II, 39, 5. *vâtevājuryâ* nadyèva rītíh.

Citons encore dans le même ordre d'idées :

I, 143, 3. *bhâtvakshaso áty* aktúr ná síndhavo *'gné rejante ásasanto ajárāh.*

Je crois avec M. Kægi (*Siebenzig Lieder des Rigveda*, p. 101), quel que soit d'ailleurs le sens exact de l'expression[4], que *síndhavas* est l'équivalent d'un génitif dépendant de *aktús* (cf. *aktúr apâm,* II, 30, 1), mais non pas qu'il soit une forme réelle de génitif pour *síndhvas*[5]. Les deux mots, unis pour l'esprit par un rapport de dépendance, sont construits parallèlement au même cas.

Après le courant, ou tout autre attribut des rivières, la course, l'élan des chevaux. Même construction parallèle

1. Voir la note précédente. L'hypothèse d'un génitif singulier de *áp* devient ainsi inutile. Tous les autres exemples qu'en cite M. Grassmann sont très douteux, et l'instrumental *apâ* lui-même disparaîtrait des vers VIII, 4, 3, par une correction très simple, *apâkritam* « écarté », au lieu de *apâ kritám*, expression de toute façon fort étrange. En somme, l'existence d'un singulier de *áp* paraît très contestable.

2. M. Weber (*Indische Studien*, XVII, p. 305) fait bien de *páyas* une apposition à *samudrás* ; mais c'est, comme on voit, une apposition *sui generis*. Du reste, on en trouve d'analogues sans comparaison, R. V., VIII, 12, 3.

3. M. Ludwig, après avoir fait d'abord de *nadyâ* un instrumental, reconnaît dans son commentaire qu'il serait plus naturel d'en faire un nominatif duel (c'est aussi l'interprétation de M. Grassmann dans son lexique). Mais il ne sort pas de la difficulté créée par les deux nominatifs. Cette difficulté nous paraît maintenant levée.

4. Voir mes *Etudes sur le lexique du Rig-Veda*, sous le mot *aktú*.

5. Je m'associe sur ce point à l'observation de M. Ludwig.

du concret et de l'abstrait. Soma se précipite comme Etaça (le cheval divin) dans son élan :

IX, 16, 1. Sárgo ná *takty* étaçaḥ.

L'abstrait est en outre accompagné d'une épithète au même cas dans cet autre exemple :

IX, 87, 7. *eshá suvānáḥ pári sómaḥ pavítre* sárgo ná sṛishṭó *adadhāvad* árvā [1].

Ou dans celui-ci, qui est une comparaison des rivières avec les cavales; un verbe de mouvement est sous-entendu, comme souvent, avec *prá*, et l'abstrait a une seconde épithète construite avec hyperbate [2].

VII, 87, 1. *prarṇāṃsi samudriyā nadīnām* — sárgo ná sṛishṭó árvatīr ṛitāyán [3].

On peut voir une double comparaison avec un seul *ná* [4] dans les passages où le nom du char ou de la roue est construit parallèlement avec celui des chevaux, quoique ce rapprochement seul éveille naturellement une idée de dépendance :

I, 155, 6. *catúrbhiḥ sākáṃ navatíṃ ca nāmabhiç* cakráṃ ná vṛittáṃ vyátīṅr *avīvipat* [5].

I, 52, 1. átyaṃ ná *vājaṃ* havanasyádaṃ rátham *éndraṃ vavṛityām ávase suvṛiktíbhiḥ* [6].

1. Il pourrait sembler plus naturel de construire *árvā* (ainsi que *étaças* dans l'exemple précédent) en dehors de la comparaison, si l'on n'avait pas l'exemple suivant, reproduisant une troisième fois la même combinaison. Cf. aussi plus bas, IX, 22, 1 (p. 98). La place du verbe *adadhāvat* (comme de *takti*) n'est pas un obstacle (voir plus haut, p. 80).

2. Cf. plus bas X, 61, 16, p. 98 note 3.

3. Le mot *ṛitāyán* pourrait aussi se rapporter au sujet du dernier pāda. — Il ne serait pas impossible qu'un mot exprimant le « bruit » des chevaux ou des chars eût été construit de la même manière aux vers I, 104, 1 ; V, 10, 5 ; IX, 10, 1. L'hypothèse d'un *svānā́* adjectif deviendrait ainsi inutile.

4. Voir plus haut, p. 93, note 1.

5. *vyáti*, d'après ses autres emplois, ne peut désigner que les attelages ; le sens de « rayon », que lui attribue M. Ludwig, semble inadmissible. D'autre part est-il bien naturel de construire *vyátīn* « chevaux » avec *navatím* (qui, selon moi, est employé substantivement, les 90 avec 4 formes chacun), et d'admettre, comme M. Grassmann, une comparaison de chevaux avec une roue ? Voir, d'ailleurs, les exemples ci-après, p. 98.

6. *vājam* est un accusatif du but qu'il ne faut pas confondre avec les deux autres.

VII, 34, 1. *prá çukraitu devī manīshā asmát* sútashṭo rátho ná vājī[1].

Mais les deux concrets sont accompagnés d'un abstrait construit au même cas qu'eux dans l'exemple suivant qui nous rappelle une formule déjà deux fois citée :

IX, 22, 1. *eté sómāsa āçávo* ráthā iva prá vājínaḥ — sárgāḥ sṛishṭā́ *aheshata*[2].

Voici enfin une construction parallèle de trois termes désignant, l'un la jante de la roue, un autre la roue elle-même, et le troisième les chevaux :

X, 61, 16. *sá kakshīvantaṃ rejayat só agníṃ* nemíṃ ná cakrám árvato raghudrú.

La construction attendue serait *nemíṃ ná cakrásyárvadbhiḥ :* « Il a mis en mouvement Kakshīvant et Agni, comme la jante de la roue au moyen des chevaux[3]. »

Les dieux font la même route que leur char et leurs chevaux. Il n'en est pas moins vrai que les comparaisons suivantes, appliquées à Indra, et où le nom de Vāyu est construit parallèlement à celui des chevaux ou du char[4], éveillent l'idée d'Indra venant comme Vāyu *avec* son char ou ses chevaux :

III, 49, 4. rátho ná vāyúr *vásubhir niyútvān*[5].

III, 35, 1 = VII, 23, 4. *yāhí* vāyúr ná niyúto *no ácha*[6].

1. Je ne crois guère à un *vājín* adjectif (voir plus haut, p. 93, n. 1), et pas du tout à un *vājín*, épithète des chars. L'exemple du vers IX, 22, 1 (voir ci-après), est analogue au précédent, et le troisième et dernier cité par M. Grassmann, I, 129, 1, n'est pas concluant.

2. M. Ludwig admet ici la double comparaison avec les chars et avec les chevaux. Il n'y avait aucune raison d'expliquer autrement le vers VII, 34, 1, ci-dessus.

3. Le sens de M. Ludwig « comme la roue *du* cheval *met en mouvement la jante* » n'est pas tentant.— L'hyperbate de *raghudrú* est pareille à celle de *ṛitāyán*, plus haut p. 97 (VII, 87, 1).

4. On trouve aussi le nom des dieux, ou le pronom qui le remplace, construit parallèlement au nom du char en dehors de la comparaison, VII, 48, 1.

5. M. Ludwig fait de ce *pāda* une phrase à part où *ná* ne ferait qu'adoucir l'expression. Mais cette phrase interromprait une série d'expressions qui sont toutes appliqués à Indra. D'ailleurs, la figure ordinaire est qu'Indra attelle à son char les chevaux du vent, non qu'il prend le vent pour char.

6. M. Ludwig hésite entre l'attribution d'un sens causal à *yāhí* et la

Les rivières aussi ont, dans la poétique védique, des chars et des chevaux (l'Indus par exemple, X, 75, 8 et 9). De là ce passage où il est dit que les Maruts ont des chevaux tachetés, comme les rivières à leurs chars, ou comme les chars des rivières. Le mot « rivières » et le mot « chars » sont tous les deux au nominatif :

I, 186, 8. *pṛishadaçvāso* 'vánayo ná ráthāḥ.

Comme le nom du char ou des chevaux dans les exemples précédents, celui de l'arme est peut-être construit au même cas que le nom du dieu dans l'exemple suivant :

VI, 18, 10. agnír *ná çúshkam vánam indra* hetī *ráksho ní dhakshy açánir ná bhīmā.*

Du moins la restitution *hetis* du pada-pāṭha s'accorde-t-elle avec la seconde comparaison, *açánir ná bhīmā*. En tout cas, je crois à une construction parallèle du nom du dieu et de ses armes au vers V, 86, 1 :

indrāgnī yám ávatha ubhā vājeshu mártyam — dṛiḷhā cit sá prá bhedati dyumnā vāṇīr iva tritáḥ.

Celui qu'Indra et Agni protègent brise les clôtures les plus solides et en répand les richesses[1] « comme Trita avec ses chants » ou « comme les chants de Trita ». Trita est en effet le dieu qui prend pour arme contre le démon « une prière à pointe de fer », X, 99, 6[2].

construction de *niyútas* avec un participe sous-entendu (*váhan* ou *yuñján ráthe*). — J'avais proposé autrefois « viens comme Vāyu vers nos attelages », c'est-à-dire « vers nos prières qui servent aux dieux d'attelages », et cité cette formule comme un exemple de l'incohérence des figures védiques. Je préfère aujourd'hui voir là un fait de syntaxe analogue aux précédents. Au vers VII, 90, 1, qui pourrait être cité à l'appui de ma première interprétation, la résolution de *yāhy áchā* dans le pada-pāṭha (*yāhi* sans accent) peut être fautive.

1. La racine *bhid* paraît être ici construite avec deux accusatifs comme l'est souvent la racine *dar* (par exemple au vers IV, 16, 8, ce qui supprime un des prétendus exemples du génitif singulier *apás*, (voir plus haut, p. 96, n. 1), comme l'est aussi la racine *ruj* (au vers VI, 30, 5, même observation).

2. Cf. *Religion védique*, II, 330. Il semble inutile de discuter le sens de « roseau » donné par M. Roth et par M. Grassmann au mot *vānī*. La traduction de M. Ludwig est plus acceptable. L'avantage de la nôtre est de se rattacher, d'une part à un ordre de formules mythiques, de l'autre à un ordre de formules syntactiques qui paraissent l'un et l'autre bien établis.

Voici encore quelques exemples isolés, mais parfaitement clairs en eux-mêmes, d'un concret et d'un abstrait construits, dans le même rapport pour la forme, et dans des rapports différents pour l'esprit, avec le reste de la proposition.

Un ami et le profit qu'on en tire : X, 7, 5. *dyúbhir hitám* mitrám iva prayógam *pratnám ṛitvíjam adhvarásya jārám — bāhúbhyām agním āyávo 'jananta ;* on aurait attendu *mitrásya prayógam* ou mieux *mitrám prayógena*[1].

La loi et l'application qu'on en fait : I, 153, 2. *prástutir vāṃ* dhā́ma ná práyuktir *áyāmi mitrāvaruṇā suvṛiktíḥ*[2]. Il se pourrait aussi que *práyukti* eût le sens d' « attelage », et que l'hymne fût présenté comme « l'attelage de la loi » (cf. le char, les rênes, les cochers de la loi[3].)

Un fils et la naissance de ce fils. Aussi agréable est pour Agni l'hymne qu'on lui adresse : III, 15, 2. jánmeva nítyaṃ tánayaṃ *jushasva stómaṃ me agne tanvā̀ sujāta*[4].

Une montagne et les fruits qu'elle donne (avec ses eaux), I, 65, 5 : girír ná bhújma *kshódo ná çambhú* (Agni lui-même)[5].

Les eaux (divinisées) et leur bienveillance : IX, 88, 7. ā́po ná *makshū́* sumatír *bhavā* naḥ (Soma)[6].

Dans tous les cas examinés ci-dessus, chacun des deux termes parallèles aurait pu être plus ou moins naturelle-

1. Je suis d'accord avec M. Ludwig pour repousser l'hypothèse d'un composé *prayo-gám* (avec changement d'accent), admise par M. Roth et par M. Grassmann.

2. M. Ludwig, dans son commentaire, tout en donnant un autre sens aux mots, les construit également dans un rapport de dépendance, mais sans autre explication.

3. Voir Grassmann, *Wœterbuch zum Rig-Veda*, s. v. *ṛitá*.

4. La construction de M. Ludwig est peu satisfaisante. Jamais on n'a désigné par le mot *jánman* la « famille » d'un « fils », ses ascendants.

5. Peu importe pour notre sujet que *bhújman* signifie directement « jouissance », ou, comme le suppose M. Ludwig, « vallée » où coulent des rivières. L'essentiel est le rapprochement de *girír ná bhújma* et de *girír ná bhujmá*, Vāl., 2, 2 : *bhújma* est équivalent (pour le sens) à *bhújmanā*.

6. Ainsi devient inutile l'hypothèse hasardée pour cet exemple unique, et acceptée par M. Ludwig, d'un *sumatí* adjectif.

ment construit pour son compte au cas où ils sont mis tous deux. Il resterait à citer des constructions plus bizarres où le parallélisme des deux termes ne peut plus guère s'expliquer que par une véritable attraction.

Les prières adressées aux Maruts s'élancent à l'envi vers eux, selon une comparaison banale, « comme les eaux des montagnes[1] », mais non « comme les montagnes avec leurs eaux » : VI, 66, 11. *diváḥ çárdhāya çúcayo manīshā́* giráyo nā́pa *ugrā́ aspṛidhran.*

Agni pourrait être comparé à une vache, comme il l'est à tout ce qu'il y a de bon et d'utile au monde. Mais en tant que « clair » et « brillant », ce n'est pas à la vache, c'est à son lait (ou au beurre fait de ce lait, IV, 1, 6) qu'il est comparé. Le mot « vache » n'en est pas moins au nominatif comme le mot « lait » dans la formule suivante : I, 66, 2. pā́yo ná dhenúḥ *çúcir vibhā́vā*[2].

On pourrait multiplier les exemples de ce nouveau genre ; mais le terrain semble ici moins solide, et je préfère ne pas m'y aventurer aujourd'hui.

1. Il paraît impossible de tirer un autre sens de ce passage.

2. L'interprétation de M. Ludwig est cherchée trop loin ; le sens s'impose.

36e fascicule : La religion védique d'après les hymnes du *Rig-Veda*, par A. Bergaigne, Tome 1er. 12 fr.
37e fascicule: Histoire critique des règnes de Childerich et de Chlodovech, par M. Junghans, traduit par G. Monod, et augmenté d'une introduction et de notes nouvelles. 6 fr.
38e fascicule : Les Monuments égyptiens de la Bibliothèque nationale (cabinet des médailles et antiques), 1re partie, par E. Ledrain. 12 fr.
39e fascicule : L'Inscription de Bavian, texte, traduction et commentaire philologique avec trois appendices et un glossaire par H. Pognon. 1re partie. 6 fr.
40e fascicule : Patois de la commune de Vionnaz (Bas-Valais), par J. Gilliéron, accompagné d'une carte. 7 fr. 50
41e fascicule : Le Querolus, comédie latine anonyme, par L. Havet. 12 fr.
42e fascicule: L'Inscription de Bavian, texte, traduction et commentaire philologique avec trois appendices et un glossaire par H. Pognon, 2e partie. 6 fr.
43e fascicule : De Saturnio latinorum versu scripsit L. Havet. 15 fr.
44e fascicule : Etudes d'archéologie orientale, par Ch. Clermont-Ganneau, tome premier. 1re livraison. 10 fr.
45e fascicule : Histoire des institutions municipales de Senlis, par J. Flammermont. 8 fr.
46e fascicule : Essai sur les origines du fonds grec de l'Escurial, par C. Graux. 15 fr.
47e fasc. : Les monuments égyptiens de la biblioth. nat., par E. Ledrain. 2e et 3e liv. 25 fr.
48e fasc. : Etude sur le texte de la vie latine de Ste Geneviève de Paris, par C. Kohler. 6 fr.
49e fasc. : Deux versions hébraïques du Livre de Kalîlâh et Dimnâh, par J. Derenbourg. 20 fr.
50e fascicule : Recherches sur les relations politiques de la France avec l'Allemagne, de 1292 à 1378, par A. Leroux. 7 fr. 50
51e fascicule : Principaux monuments du Musée égyptien de Florence, par W. B. Berend, 1re partie. Stèles, bas-reliefs et fresques. Avec 10 pl. photogravées. 50 fr.
52e fascicule : Les lapidaires français du moyen âge des xiie, xiiie et xive siècles, réunis classés et publiés, accompagnés de préfaces, de tables et d'un glossaire par L. Pannier avec une notice préliminaire par G. Paris, membre de l'Institut. 10 fr.
53e et 54e fasc. : La religion védique d'après les hymnes du *Rig-Veda*, par A. Bergaigne. Vol. II et III. 27 fr.
55e fascicule : Les Etablissements de Rouen, par A. Giry, tome Ier. 15 fr.
56e fascicule : La métrique naturelle du langage, par P. Pierson. 10 fr.
57e fascicule : Vocabulaire vieux-breton avec commentaire contenant toutes les Gloses en vieux-breton, gallois, cornique, armoricain connues, par J. Loth. 10 fr.
58e fascicule : Hincmari de ordine palatii epistola. Texte latin traduit et annoté par M. Prou. 4 fr.
59e fascicule : Les établissements de Rouen, par A. Giry, tome second. 10 fr.
60e fascicule : Essai sur les formes et les effets de l'affranchissement dans le droit gallo-franc, par M. Fournier 5 fr.
61e et 62e fascicules : Li Romans de Carité et Miserere, du Renclus de Moiliens, publiés par A.-G. Van Hamel. 20 fr.
63e fascicule : Etudes critiques sur les sources de l'histoire mérovingienne. 2e partie. Compilation dite de « Frédégaire » par G. Monod, directeur d'études et par les membres de la Conférence d'histoire. 6 fr.
64e fascicule : Étude sur le règne de Robert le Pieux, 996-1031, par C. Pfister. 15 fr.
65e fascicule : Nonius Marcellus, Collation de plusieurs manuscrits de Paris, de Genève et de Berne, par H. Meylan, suivi d'une notice sur les principaux manuscrits de Nonius pour les livres I, II et III, par Louis Havet. 5 fr.

COLLECTION PHILOLOGIQUE. Recueil de travaux originaux ou traduits, relatifs à la philologie et à l'histoire littéraire. Format in-8°.

1er fascicule : La théorie de Darwin ; de l'importance du langage pour l'histoire naturelle de l'homme, par A. Schleicher. 2 fr.
2e fascicule : Dictionnaire des doublets ou doubles formes de la langue française, par A. Brachet. 2 fr. 50
3e fascicule : De l'ordre des mots dans les langues anciennes comparées aux langues modernes, par H. Weil. Nouvelle édition. 4 fr.
4e fascicule : Dictionnaire des doublets ou doubles formes de la langue française, par A. Brachet. Supplément. 50 c.
5e fascicule : Les noms de famille, par E. Ritter. 3 fr. 50.
6e fascicule : Etudes philologiques d'onomatologie normande, par H. Moisy. 8 fr.
7e fascicule : Essai sur la langue basque, par F. Ribary, professeur à l'Université de Pesth. Traduit du Hongrois par J. Vinson. 5 fr.
8e fascicule : De conjugatione latini verbi « Dare », a James Darmesteter. 1 fr. 50
9e fascicule : De Floovante vetustiore gallico poemate scripsit A. Darmesteter. 5 fr.
10e fascicule : Histoire des participes français, par Amédée Mercier. 5 fr.
11e fascicule : Etude sur Denys d'Halicarnasse et le traité de la disposition des mots, par Emile Baudat. 3 fr.
12e fascicule : De neutrali genere quid factum sit in gallica lingua scripsit A Mercier. 2 fr.
13e fascicule : Du génitif latin et de la préposition de. Etude de syntaxe historique sur la décomposition du latin et la formation du français, par P. Clairin. 7 fr. 50

BERGAIGNE (A.). Manuel pour étudier la langue sanscrite. Chrestomathie, Lexique, Principes de grammaire. Gr. in-8. 12 fr.

BIBLIOTHÈQUE FRANÇAISE DU MOYEN AGE publiée sous la direction de MM. G. Paris et P. Meyer, membres de l'Institut. Format petit in-8°.

Vol. I, II : Recueil de motets français des XIIe et XIIIe siècles, publiés d'après les manuscrits avec introduction, notes, variantes, etc., par G. Raynaud, suivis d'une étude sur la musique au siècle de saint Louis, par H. Lavoix fils. 18 fr.

Vol. III : Le Psautier de Metz, tome Ier, texte et variantes, publié d'après quatre manuscrits par F. Bonnardot. 9 fr.

BREKKE (K.). Étude sur la flexion dans le voyage de saint Brandan, poème anglo-normand du XIIe siècle. In-8°. 3 fr.

CHRESTOMATHIE de l'ancien français (IXe-XVe siècles) à l'usage des classes, précédée d'un tableau sommaire de la littérature française au moyen âge et suivie d'un glossaire étymologique détaillé par L. Constans. In-8° cartonné. 5 fr.

CURTIUS (G.). Grammaire grecque classique, traduite sur la quinzième édition allemande par P. Clairin. In-8°. 7 fr. 50

DIEZ (F.). Grammaire des langues romanes, traduite sur la 3e édit. allemande refondue et augmentée. T. Ier traduit par A. Brachet et G. Paris. T. II et III traduits par A. Morel-Fatio et G. Paris. Gr. in-8°. Epuisé. 40 fr.

FLAMENCA (le roman de), publié d'après le manuscrit unique de Carcassonne, avec introduction, sommaire, notes et glossaire par P. Meyer. Gr. in-8°. 12 fr.

GODEFROY (F.) Dictionnaire de l'ancienne langue française et de tous ses dialectes, du XIe au XVe siècle, composé d'après le dépouillement de tous les plus importants documents, manuscrits ou imprimés qui se trouvent dans les grandes bibliothèques de la France et de l'Europe, et dans les principales archives départementales, municipales, hospitalières ou privées. Publié sous les auspices du Ministère de l'Instruction publique, et honoré par l'Institut du grand prix Gobert.

Paraît par livraisons de 10 feuilles gr. in-4° à trois colonnes au prix de 5 fr. la liv. L'ouvrage complet se composera de 100 livraisons.

LOTH (J.). Vocabulaire vieux-breton avec commentaire contenant toutes les gloses en vieux breton, gallois, cornique, armoricain connues, précédé d'une introduction sur la phonétique du vieux-breton et sur l'âge de la provenance des gloses. Gr. in-8°. 10 fr.

MÉMOIRES de la Société de linguistique de Paris. Tome 1er complet en 4 fascicules; T. 2e complet en 5 fascicules ; T. 3e complet en 5 fascicules ; T. 4e complet en 5 fascicules; T. 5e complet en 5 fascicules. 114 fr.

MOREL-FATIO (A.). La Comedia espagnole du XVIIe siècle. Cours de langues et littératures de l'Europe méridionale au Collège de France. Leçon d'ouverture. In-8°. 1 fr. 50

MYSTÈRE (le) de la Passion d'Arnoul Greban, publié d'après les mss. de Paris, avec une introduction et un glossaire par G. Paris et G. Raynaud, 1 fort vol. gr. in-8° à 2 col. 25 fr.

PARIS (G.). Étude sur le rôle de l'accent latin dans la langue française. In-8°. 4 fr.

— Dissertation critique sur le poème latin du Ligurinus attribué à Gunther. In-8°. 2 fr.

— Le petit Poucet et la Grande-Ourse, 1 vol. in-16. 2 fr. 50

— Les contes orientaux dans la littérature française du moyen âge. In-8°. 1 fr.

— Grammaire historique de la langue française. Cours professé à la Sorbonne en 1868. Leçon d'ouverture. 1 fr.

RECUEIL d'anciens textes bas-latins, provençaux et français, accompagnés de deux glossaires et publiés par P. Meyer. 1re partie : bas-latin, provençal. Gr. in-8°. 6 fr.
2e partie : vieux français. Gr. in-8°. 6 fr.

VIE (la) de saint Alexis, poème du XIe siècle. Texte critique publié par G. Paris. Petit in-8°. 1 fr. 50

REVUE CELTIQUE publiée avec le concours des principaux savants français et étrangers par M. Gaidoz. Chaque volume se compose de 4 livraisons d'environ 130 pages chacune. — Prix d'abonnement : Paris, 20 fr.; départements et pays d'Europe faisant partie de l'Union postale, 22 fr.; édition sur papier de Hollande : Paris, 40 fr. ; départements et pays faisant partie de l'Union postale, 44 fr.

Le septième volume est en cours de publication.

ROMANIA, recueil trimestriel consacré à l'étude des langues et des littératures romanes, publié par MM. Paul Meyer et Gaston Paris. Chaque numéro se compose de 160 pages qui forment à la fin de l'année un vol. gr. in-8° de 640 pages. — Prix d'abonnement : Paris, 20 fr. ; départements et pays d'Europe faisant partie de l'Union postale, 22 fr. ; édition sur papier de Hollande : Paris, 40 fr. ; Départements et pays d'Europe faisant partie de l'Union postale, 44 fr.

La quinzième année est en cours de publication.

Aucune livraison de ces deux recueils n'est vendue séparément.

Chartres. — Imprimerie Durand

www.ingramcontent.com/pod-product-compliance
Lightning Source LLC
LaVergne TN
LVHW020312230826
846091LV00006B/2634
9782014080490